CONGRÈS PROVINCIAL

DES

ORIENTALISTES FRANÇAIS

VŒUX

ET

SUITE DONNÉE AUX VŒUX

Émis dans les Sessions

EXTRAITS DU COMPTE-RENDU DE LA SESSION
DE SAINT-ÉTIENNE — 1875

<table>
<tr><td>

A SAINT-ÉTIENNE

Baron TEXTOR DE RAVISI
du Congrès de Saint-Étienne.
7, Rue d'Annonay.

</td><td>

A PARIS

M.M. MAISONNEUVE ET Cie
libraires des Congrès des Orientalistes.
N° 25, Quai Voltaire.

</td></tr>
</table>

1878

Les deux chapitres VŒUX et SUITE DONNÉE aux vœux ont été l'objet d'un tirage spécial.

Ce livret est plus particulièrement destiné aux Auteurs et aux Promoteurs des vœux et aux Bureaux des Sessions de Saint-Etienne et de Marseille, et, également, aux futures sessions de Lyon, etc., etc. Il peut, en effet, être mis utilement dans *les dossiers des démarches* qui seront continuées pour poursuivre l'exécution des vœux émis par les Sessions de Saint-Etienne et de Marseille.

———

Les pages laissées en blanc (129 et 130), sont destinées à recevoir les apostilles manuscrites de MM. les Protecteurs *pour la prise en considération de tels ou tels vœux.*

———

CONGRÈS PROVINCIAL des ORIENTALISTES
COMITÉ NATIONAL FRANÇAIS DU CONGRÈS DES ORIENTALISTES
1re SESSION à SAINT-ETIENNE 19-25 Octobre 1875
ATHÉNÉE ORIENTAL
Fondé en 1864, réorganisé en 1874-1875
DIPLÔME
de Membre délivré à
M
St ETIENNE 187
LE DIRECTEUR DE L'ATHÉNÉE ORIENTAL.
Lévy-Sing
UN DÉLÉGUÉ DU COMITÉ CENTRAL.
Rouy
LE PRÉSIDENT DE LA SESSION DE St ETIENNE.
Bon Textor de Ravisi
LE SECRÉTAIRE GÉNÉRAL DE L'ATHÉNÉE ORIENTAL.
LE SECRÉTAIRE GÉNÉRAL DE LA SESSION DE St ETIENNE.
SOL ORIENS DISCVTIT VMBRAS

VŒUX

ET

DÉCISIONS PRISES

—

EXTRAITS DES PROCÈS-VERBAUX DES SÉANCES

DU

CONGRÈS PROVINCIAL DES ORIENTALISTES

(1re et 2me Sessions)

SAINT-ÉTIENNE (1875)

MARSEILLE (1876)

Les Vœux *émis par les Sessions du Congrès provincial des Orientalistes* sont une des parties pratiques de l'Œuvre ; ils font connaître, *à qui de droit,* ce qui doit être fait plus particulièrement pour répondre aux besoins et aux aspirations de l'Orientalisme français.

Ces vœux, émanant de personnes qui s'intéressent spécialement aux sujets qui ont été traités, ayant obtenu l'approbation d'assemblées, dont la plupart des membres occupent un rang distingué dans toutes les classes de la société, ne peuvent manquer, *tôt ou tard,* d'être pris en considération et d'avoir une solution favorable.

En tout cas, ces vœux témoignent des idées et des tendances qui ont animé la majorité des membres de chaque Session, et, à ce point de vue, ils sont intéressants à reproduire. Ils seront, plus tard, un des côtés les plus curieux de cette œuvre provinciale.

PREMIÈRE SESSION — SAINT-ÉTIENNE

1875

—

EXTRAITS

DES PROCÈS-VERBAUX DES SÉANCES

—

VŒUX ACCEPTÉS ET DÉCISIONS PRISES

1° Vote du Siége de la deuxième Session du Congrès provincial des Orientalistes.

Villes proposées par la Commission nommée le 24 octobre 1875 : MARSEILLE, — ALGER, — ROUEN.

Nombre des votants. 79
Majorité absolue. 40
    Marseille. . . . . 61 voix.
    Alger . . . . 17 »
    Rouen . . . . 1 »

En conséquence de ce vote, le Président de la première session proclame la VILLE DE MARSEILLE comme devant être le siége de la *deuxième session du Congrès provincial des Orientalistes*.

2° Vœu présenté par M. Louis Desgrand,

Président de la Société de Géographie de Lyon.

Le Congrès des Orientalistes, dans sa Session provinciale de Saint-Etienne,

Considérant qu'il résulte, des documents soumis au Congrès, que, depuis la découverte du Nouveau-Monde, le commerce international de l'Europe s'est développé, étendu et a rendu des services humanitaires, en raison directe du progrès intellectuel et moral des populations ;

Considérant que, si jusqu'à présent les commerçants indigènes des grands marchés asiatiques sont restés en arrière de ce mouvement, on constate, cependant, chez quelques-uns d'entre eux des efforts sérieux pour marcher dans la voie qui a si bien réussi à l'Europe ;

Considérant qu'il est dans l'intérêt du plus grand nombre de seconder un mouvement aussi favorable aux progrès économiques qu'au rapprochement pacifique des peuples entre eux ;

Considérant qu'un des moyens les plus certains et les plus prompts de réaliser ce but serait d'élever encore et surtout de compléter l'enseignement des écoles de commerce, si heureusement inauguré dans nos principales villes sous le patronage de leurs chambres,

Emet le vœu qu'il soit fondé en France un *Institut supérieur* de commerce, dont la mission consisterait à fournir aux diplômés des écoles de commerce, aux élèves consuls, ainsi qu'aux jeunes gens suffisamment instruits, le complément des connaissances nécessaires à la création et à la consolidation de rapports avec les négociants indigènes et plus spécialement parmi ces connaissances :

1° La législation commerciale comparée des diverses nations ;

2° L'enseignement des langues les plus usitées dans les grands centres commerciaux de l'Asie, des Indes, de la Chine et du Japon ;

3° Un cours de philosophie et d'esthétique appliqué au commerce.

Le Congrès arrête, aussi, qu'un extrait du présent vœu sera adressé aux diverses écoles de commerce en France, aux chambres qui les patronnent et à M. le Ministre de l'agriculture et du commerce.

Vœu adopté à l'unanimité, par acclamations.

3° Vœu présenté par M. Emile Guimet.

Création en province, dans un grand centre commercial, d'une chaire *libre* de langues orientales, soit de *chinois*, soit de *japonais*, soit de *chinois et de japonais*.

Vœu approuvé à la majorité.

4° Vœu proposé par M. le baron Textor de Ravisi.

M. de Ravisi expose que, dans les congrès internationaux des Orientalistes, à Paris et à Londres, il a été établi la haute importance que doit prendre dans la science orientale l'étude des *langues dravidiennes,* langues parlées par plus de 42 millions d'hommes ;

Que le *dialecte tamoul,* parlé par plus de 12 millions d'hommes, doit plus particulièrement attirer notre attention, attendu qu'étant celui des établissements français de Pondichéry et de Karikal, sa connaissance est indispensable à nos fonctionnaires civils et militaires, à nos marins et à nos commerçants ;

Que la littérature dravidienne se recommande à l'attention sérieuse du monde savant, comme étant la plus riche de l'Inde dans toutes les branches et, de plus, celle de peuples qui ont le moins subi les conséquences des invasions venues du Nord et sont restés davantage autochtones.

Au point de vue commercial général, il expose que la connaissance pratique des langues et les relations directes sont les principales causes de réussite pour le succès des transactions commerciales avec les pays orientaux ;

Que les riches marchés de l'Extrême-Orient restent comme fermés à notre commerce et à notre industrie, malgré les traités avantageux passés par le Gouvernement, parce que trop peu de nos nationaux savent les langues orientales et que nous sommes obligés de passer par des agents intermédiaires locaux (anglais, américains ou allemands), ou par des interprètes indigènes ;

Par ces motifs, entre autres, propose :

La création, à l'Ecole spéciale des langues orientales vivantes, à Paris, d'une chaire de *langues dravidiennes et de dialecte tamoul.*

Vœu approuvé à la majorité.

5° Vœu de M. l'abbé Martin.

Même vœu présenté par M. l'abbé Martin, chanoine de Sainte-Geneviève, membre de la Société asiatique, relatif à la création d'une chaire spéciale de langue *syrienne* ancienne et moderne au collége de France.

Vœu approuvé à la majorité.

6° Vœux présentés par M. Le Mansois du Prey.

Le Congrès provincial des Orientalistes, session de Saint-Etienne,

Après avoir, durant sa session, entendu les communications de MM. Delaporte, Aymonier, Thorel et Ratte, sur le Cambodge ancien et moderne ;

Après avoir admiré les précieux dessins et moulages recueillis par M. Delaporte dans le cours de sa mission au Cambodge, ainsi que les importants manuscrits et calques d'inscriptions offerts au Congrès par la famille Doudart de la Grée, et les légendes colligées par M. le marquis de Croizier, ainsi que les importants travaux sur l'art Khmer du même auteur et ses essais de traduction des inscriptions rapportées en France ;

Emet les vœux suivants :

1° Au point de vue artistique :

Que le Gouvernement, après avoir aidé et favorisé la découverte de ces monuments, en mettant les explorateurs à même d'accomplir la mission sollicitée par eux, ne se contente pas d'un résultat, déjà si important, mais, au contraire, multiplie ses encouragements aux savants et aux navigateurs et provoque de nouvelles recherches au Cambodge ;

Que, par les moyens puissants dont il dispose, le Gouvernement donne la plus grande publicité aux richesses du Musée Khmer de Compiègne et à tous les travaux relatifs à l'art Khmer ;

Qu'il répande dans les bibliothèques de ville et dans celles des Sociétés savantes ces ouvrages, ainsi que les photographies et dessins de ces monuments.

2° Le Congrès profite de cette circonstance pour remercier la Direction des Beaux-Arts d'avoir bien voulu lui faire hommage de quatre moulages de monuments cambodgiens.

3° Au point de vue scientifique :

Vu l'importance des travaux de M. Aymonier et ses savantes recherches sur la langue et la littérature Khmer, ses découvertes si précieuses au point de vue de l'histoire et de la littérature ancienne et moderne de ce pays ;

Vu les travaux parus et inédits de M. le marquis de Croizier et de M. Moura, représentant du protectorat français au Cambodge ;

Considérant que le Cambodge est sous le protectorat français et qu'il importe à l'art, au commerce et même à la politique française, que la connaissance de la langue cambodgienne soit répandue,

Emet le vœu :

Qu'une chaire de cambodgien soit créée à l'Ecole spéciale des langues orientales, à Paris.

Vœux acceptés à l'unanimité, par acclamations.

———

7° Vœu émis par M. Alexandre Servant.

(EXTRAIT D'UNE LETTRE)

En présence de l'extension croissante que prend l'industrie étrangère au moyen des nouveaux débouchés qu'elle sait se créer sur les marchés orientaux ;

Il faut que nous nous préoccupions sérieusement d'étudier et même de réaliser les voies et moyens pour faciliter et engager les négociants et fabricants français à augmenter leurs rapports avec l'Extrême-Orient.

Pour y arriver, il faut avoir des *consuls* ou *représentants* connaissant davantage la pratique que la théorie, et plus *négociants que diplomates.*

De la sorte, autant par des rapports pratiques, communiqués à notre pays, que par des correspondances directes, aides et conseils, ces agents augmenteront facilement notre commerce avec l'Extrême-Orient.

Vœu adopté à la majorité.

———

8° Vœu émis par M. Hequet,

Membre du Conseil général des établissements français dans l'Inde, à **Pondichéry**.

(EXTRAIT D'UNE LETTRE)

... Mon concours ne peut être que fort modeste, ma compétence se bornant à connaître simplement ce qui a trait au commerce et à l'industrie dans l'Inde.

Ce terrain est, cependant, assez vaste pour intéresser les négociants et les fabricants de la Métropole, qui, généralement, ignorent les ressources de l'Orient, tant pour l'importation des produits manufacturés de France, que pour l'exportation de matières premières, utiles à la consommation et à la fabrication françaises.

Pour s'en convaincre, il suffit de mettre en regard les principes économiques, appliqués en France et en Angleterre. L'industrie française n'a pas en vue un horizon aussi étendu que celui d'Outre-Manche. Plus habile, elle fait généralement mieux que sa concurrente ; mais celle-ci se contente de faire bien, à bon marché, en travaillant sur une échelle beaucoup plus considérable.

Pour arriver à ce résultat (qui assure le développement rapide du commerce, de l'industrie et de la marine), il faut des *relations directes* de la Métropole avec les pays de l'Afrique, de l'Asie, de l'Océanie et de l'Amérique ; il faut avoir des relations lointaines, utiliser les avantages que nos colonies, disséminées, présentent à l'initiative, à l'intelligence et à l'activité de nos concitoyens de la Métropole.

Chaque possession de la France devrait être un VASTE ENTREPOT *où la promulgation de nos codes eût une garantie sérieuse.* Combien la production française ne s'étendrait-elle pas si sa clientèle s'étendait sur plusieurs centaines de millions de personnes ?

Il me serait facile de discourir longuement sur ce vœu et de parler, avec preuves à l'appui, sur l'Inde française. Il est trop tard pour cette session, mais pour le prochain Congrès je reprendrai ce travail si le Congrès le juge utile.

Vœu adopté à la majorité.

9° Décisions proposées par le Bureau.

Le Congrès provincial des Orientalistes, session de Saint-Etienne,

Par l'organe de son Secrétariat-général, donne acte à la *Société de géographie de Paris* de la lettre officielle, par elle adressée, dans laquelle elle reconnaît que si, dans le discours, ou plutôt l'improvisation prononcée par M. de Quatrefages à la séance de distribution des récompenses du Congrès des sciences géographiques, les noms de *Mouhot* et *E. Doudart de Lagrée* (1) ont été omis dans l'éloge fait des explorateurs du Cambodge, c'est par oubli involontaire, et que ces noms seront insérés au procès-verbal officiel.

----

(1) L'orthographe *E. Doudart de Lagrée* sera adoptée dans tous les ouvrages scientifiques, parce que c'est ainsi que l'explorateur de l'Indo-Chine, commandant *Ernest de Lagrée*, a signé toute sa vie et que certains auteurs ont conservé cet usage, bien que le nom patronymique reconnu aux sceaux soit DOUDART DE LA GRÉE.

L'Assemblée applaudit à cette déclaration, en exprimant ses regrets au sujet de l'oubli commis dans une circonstance solennelle.

Le Congrès :

Après les nombreuses et intéressantes communications qui lui ont été faites sur les voyages d'exploration en Indo-Chine, ainsi que sur l'histoire, la littérature et les monuments du Cambodge,

Ayant pris connaissance des manuscrits laissés par le commandant E. Doudart de Lagrée, de la liste des inscriptions et des objets d'art recueillis par lui dans les ruines du Cambodge, et envoyés à Paris en 1866, et de divers documents inédits, fournis par sa famille ou ses compagnons d'armes ;

Considérant que :

Le commandant E. Doudart de Lagrée a, par son habileté, sa prudence et son patriotisme éclairés, assuré l'établissement du protectorat français au Cambodge ;

Que seul, il a dirigé l'exploration du Me-Kong et de l'Indo-Chine, dont le succès ne saurait être attribué à d'autre qu'à lui, la mort ne l'ayant frappé qu'après l'entier accomplissement de la mission qui lui avait été confiée ;

Que l'idée d'une voie commerciale à établir par le Song-Koï lui appartient en propre ;

Que par ses travaux épigraphiques, historiques et archéologiques, il a été le promoteur d'une branche d'études nouvelles : l'*Ethnographie du Cambodge* ;

Que ses recherches archéologiques et ses envois d'objets d'art constituent réellement les éléments des premières notions sérieuses que l'Europe ait possédées sur l'art Khmer, avant la création du musée de Compiègne par le lieutenant de vaisseau Delaporte ;

1° Décerne à MM. J. Doudart de la Grée, conseiller à la Cour d'appel d'Alger, et C. Doudart de la Grée, chef de bataillon en retraite, une médaille commémorative des services rendus par leur frère E. Doudart de Lagrée ;

2° Vote à la famille Doudart de la Grée des remerciements pour avoir mis à la disposition de Francis Garnier les manuscrits de son ancien chef d'expédition, avec lesquels il a pu rendre si complète la rédaction du voyage d'exploration en Indo-Chine et faire imprimer la traduction de la Chronique royale du Cambodge, dont l'auteur réel est le commandant de Lagrée ;

3° Vote l'impression dans les mémoires du Congrès de Saint-Etienne, par les soins de M. Aymonier, professeur de Cambodgien à Saïgon, des manuscrits indigènes recueillis par le commandant de Lagrée et offerts au Congrès par ses frères ;

4° Déclare, en outre, que le panégyrique du commandant E. Doudart de Lagrée n'enlève rien aux mérites du lieutenant de vaisseau Francis Garnier, dont Saint-Etienne s'honore d'avoir été le berceau, qui a rempli la douloureuse mission de ramener à Saïgon, avec ses compagnons de voyage, les dépouilles mortelles de leur chef, commandant l'expédition du Me-Kong, et qui, enfin, est tombé sur le champ de bataille au Tong-Kin en combattant pour la France et la cause de l'humanité.

Décisions prises à la majorité.

10° Décisions proposées par le Bureau.

Le Congrès provincial des Orientalistes, session de Saint-Etienne,

Après avoir décerné l'encouragement de ses meilleurs éloges aux membres des missions d'exploration du Cambodge et aux savants qui se sont occupés de l'art Khmer ;

Après avoir spécialement rendu la justice qui lui était due à la mémoire du commandant E. Doudart de Lagrée ;

Considérant qu'il a, également, un devoir juste et agréable à remplir envers la mémoire du capitaine *Francis Garnier*, natif de Saint-Etienne, qui, lui aussi, a beaucoup fait pour l'avancement de la science orientale et pour l'accroissement de la puissance de la France dans l'Extrême-Orient et qui est mort au champ d'honneur ;

S'associant à la décision prise, le 15 avril 1874, par le Conseil municipal de Saint-Etienne, ainsi conçue : « Le « Conseil vote l'érection, dans la ville de Saint-Etienne, « d'un monument à la mémoire de Francis Garnier, et l'ou-« verture, à cet effet, d'une souscription publique à la-« quelle la Ville prendra part pour une somme de 2,000 « francs. (1) »

1° Charge son Bureau de recueillir, de son côté, des souscriptions exclusivement parmi les personnes faisant partie du Congrès provincial des Orientalistes (session de Saint-Etienne), pour concourir à l'érection du monument destiné à perpétuer la mémoire de Francis Garnier ; (2)

2° Décerne un diplôme d'honneur à Mme Francis Garnier, née Knight, pour les services rendus par son mari à la science et à la Patrie. (3)

Décisions adoptées à la majorité.

____

(1) La commission nommée par le Conseil municipal pour s'occuper de la mise à exécution de cette délibération était composée de MM. Bréchignac, Carvès, Ligier et Thiollier, conseillers municipaux.

(2) Prénoms d'après l'état-civil : Marie-Joseph-François. *Francis* est un surnom.

(3) Quelques membres de la session ont, aussi, exprimé le désir que

11° Vœux proposés par M. le baron Textor de Ravisi. (1)

Considérant que les questions religieuses et philosophiques étant celles qui intéressent et qui passionnent davantage les hommes qui pensent, vouloir les bannir des programmes du Congrès provincial des Orientalistes serait lui enlever un de ses plus puissants et légitimes attraits ;

Mais attendu que les séances du Congrès sont des séances scientifiques et littéraires et qu'elles ne sauraient, sans violer les usages académiques et les lois en vigueur, être transformées en chaires de propagande religieuse ou philosophique ;

Le Congrès provincial des Orientalistes, dans sa première session, à Saint-Etienne,

Emet les vœux :

Les religions et les philosophies anciennes et modernes de l'Orient et de l'Extrême-Orient continueront à faire partie des études des sessions du Congrès provincial des Orientalistes ;

Mais les matières religieuses et philosophiques y seront renfermées strictement dans les limites naturelles de la discussion scientifique et historique, c'est-à-dire dans le domaine public de la science et de l'histoire de l'humanité ;

---

le Conseil municipal de Saint-Etienne, par extension de son vote du 14 avril 1874, donnât le nom de *Francis Garnier* à la rue appelée *rue de la Banque* (ancienne rue *Nouvelle-Boucherie*).

M. Francis Garnier est né, en effet, le 25 juillet 1839, rue de la Nouvelle-Boucherie, maison n° 1,

(1) A propos d'une des questions, mise à l'ordre du jour, plusieurs membres ont objecté que les matières religieuses ne devaient pas entrer dans les discussions du Congrès.

M. de Ravisi ayant rappelé ce qui s'était passé au Congrès international de Paris, et les principes de discussion adoptés dans la séance du 16 avril 1875, de la session préparatoire, a proposé le vœu n° 12, qui en est la consécration.

Et dans aucun cas, ces matières seront traitées au point de vue dogmatique et doctrinal , qui reste le domaine réservé et respecté de la doctrine et de la théologie.

Vœux adoptés à la majorité.

———

12° Vœux proposés par M. le Baron Textor de Ravisi.

Considérant que les relations des missions scientifiques entreprises dans les contrées de l'Orient, avec l'attache officielle du Gouvernement, obtiennent facilement toute la publicité et tous les encouragements qui leur sont nécessaires;

Mais que les relations des voyages exécutés par les touristes et les commerçants, par les fonctionnaires et les marins (dont un certain nombre présentent, néanmoins, des résultats très-intéressants), restent, pour la plupart, complètement ignorées du public et que le petit nombre d'entre elles qui se procure la publicité, n'obtient guère que celle de quelques articles de journaux (publicité éphémère et insuffisante, qui passe inaperçue le plus souvent pour les personnes qui s'intéressent davantage aux sujets traités) (1) ;

———

(1) Le nombre des personnes qui, ayant voyagé dans les pays orientaux, et qui, par ce fait, entre autres, se sont intéressées au Congrès et ont bien voulu en être membres, est *considérable* ; aussi, nous ne citerons, ici, que les *voyageurs seulement* qui *étaient présents à la session* de Saint-Etienne et *ceux seulement* que nous connaissons.

MM. AYMONIER, lieutenant d'infanterie de marine, voyageur en Indo-Chine.

BOURGAUD, armurier, voyageur en Abyssinie.

DALLY, chef de bataillon d'infanterie, voyageur dans les Colonies françaises.

DELAPORTE, lieutenant de vaisseau, voyageur dans l'Indo-Chine et dans les mers de Chine et de l'Inde.

DUPUIS (le général), mandataire du maréchal Ma, voyageur en Chine et en Indo-Chine.

GUIMET (Emile), voyageur en Orient et en Egypte.

M. Emile Guimet a fait depuis lors son

Attendu que l'œuvre du Congrès provincial des Orientalistes, recherche les moyens de mettre en relations les représentants de la *science résultant de l'expérience et de la pratique, avec les maîtres autorisés de la science, fruit des labeurs de l'étude*, et, aussi, de procurer des renseignements utiles au développement de notre commerce et de notre industrie,

Le Congrès provincial des Orientalistes, dans sa première session, à Saint-Etienne,

Recommande particulièrement à l'attention des sessions ultérieures :

De rechercher les personnes qui pourraient donner par elles-mêmes des *renseignements scientifiques ou pratiques* sur leurs propres voyages dans les contrées de l'Orient ;

D'encourager leurs communications verbales ou écrites ; et, enfin, de les mettre en relations avec les Orientalistes ou

---

grand voyage scientifique au Japon, en Chine et dans les Indes.

MM. Huvey, employé de commerce, voyageur en Orient (premier importateur en Europe des graines de vers à soie du Japon).

Madier de Montjau (Edouard), voyageur en Chine et au Japon.

Milsons, négociant, voyageur en Chine.

Porte (Edmond), employé de commerce, voyageur au Japon.

Ratte, ingénieur, voyageur en Indo-Chine.

Rolland (le général), voyageur aux Colonies françaises et au Mexique.

Schneider, lieutenant d'infanterie de marine, voyageur aux Colonies françaises.

Saint-Laurens, ancien payeur général, voyageur au Mexique.

Textor de Ravisi (baron), ancien chef de bataillon d'état-major d'infanterie de la marine, voyageur dans les Colonies françaises et dans l'Indoustan.

Thorel (docteur), chirurgien de la marine, voyageur en Indo-Chine.

Villemereuil (de), capitaine de frégate, voyageur dans les mers de Chine et de l'Inde.

Varinard, avocat, secrétaire-archiviste de la Chambre syndicale, voyageur en Syrie et en Egypte.

avec les industriels et les négociants, auxquels ils paraî-
traient pouvoir procurer des renseignements ou des documents quelconques, utiles pour leurs travaux spéciaux ou
pour leur industrie ou leur commerce.

Vœux adoptés à la majorité.

13° Décision proposée par la Commission centrale et exécutive de Saint-Etienne. (1)

Considérant que le règlement général des sessions du
Congrès provincial des Orientalistes qui a été décidé
dans la séance du 26 décembre 1874 de l'Athénée Oriental,
(Session inaugurale du Congrès provincial des Orientalistes),
s'est trouvé insuffisant pour régler plusieurs difficultés et
plusieurs incidents qui se sont produits au sujet de la
Session de Saint-Etienne,

Le Congrès provincial des Orientalistes, Session de Saint-
Etienne, décide :

1° Un nouveau projet de règlement de l'œuvre du Congrès provincial des Orientalistes sera élaboré par M. le baron
Textor de Ravisi, en sa double qualité de président-direc-
teur de l'Athénée Oriental et de président du Congrès provincial des Orientalistes (1re Session).

2° Le dit règlement sera présenté successivement à
l'Athénée Oriental et à la 2me Session du Congrès provincial des Orientalistes, puis sera soumis à l'approbation défi-
nitive de la 3me Session du Congrès.

Vœu adopté à la majorité.

---

(1) M. de Ravisi ayant exposé sommairement qu'il avait paru nécessaire à plusieurs membres que le règlement du 26 décembre 1874 fut
revu, cette décision est intervenue.

14° Vœux proposés par le Bureau de la session.

Le Congrès provincial des Orientalistes, session de Saint-Etienne,

Emet les vœux :

1° Que les *bibliothèques* et *les musées publics des départements* consacrent une salle spéciale aux objets, curiosités, livres, manuscrits, etc., etc., provenant de l'Orient et de l'Extrême Orient ;

2° Que les conservateurs dressent des catalogues raisonnés desdites richesses asiatiques que possèdent leurs bibliothèques et leurs musées ;

3° Et, également, des catalogues des principales richesses artistiques de l'Orient et de l'Extrême-Orient, qui se trouvent chez les amateurs de leur région, qui ont figuré dans les expositions publiques, notamment dans les expositions des sessions du Congrès provincial des Orientalistes.

Vœux adoptés à la majorité.

Le Congrès laisse à son Bureau le soin de poursuivre l'exécution de ses vœux et décisions devant qui de droit.

Nota. — Plusieurs propositions importantes, qui ont été émises pendant le cours des séances et qui figurent dans les procès-verbaux, devraient être ajoutées à ces vœux, mais leurs auteurs n'en ont pas désiré la mention spéciale ou bien ils ont déclaré n'avoir voulu qu'attirer l'attention du Congrès sur leurs idées et lui demander l'appui de son autorité.

Parmi ces derniers auteurs figure, par exemple, M. Léon de Rosny, pour son beau système de notation des langues orientales à l'aide d'un alphabet auquel il a donné le nom d'*Alphabet international linguistique.*

VOEUX ÉMIS PAR LA DEUXIÈME SESSION

—

MARSEILLE — 1876

—

EXTRAITS DES PROCÈS-VERBAUX DES SÉANCES

1° Vœu présenté par M. le vicomte F. de Lesseps,

Président-Fondateur de la Compagnie du Canal maritime de Suez,
Président du Congrès de Marseille.

L'Assemblée du Congrès exprime le vœu que la grande idée dont le Roi des Belges est le promoteur, *l'Association internationale pour la civilisation et l'exploration de l'Afrique intérieure*, arrive, avec le concours de tous les pays qui y sont intéressés, à être prochainement couronnée de succès.

(Séance d'ouverture du 4 octobre 1876).

2° Vœu présenté par M. Albert Breittmayer.

Ancien sous-directeur de l'exploitation des Docks et Entrepôts de Marseille,
Secrétaire général du Congrès de Marseille.

Création d'une Société des amis des sciences archéologiques auprès du Musée du château Borely.

(Séance générale du 6 octobre 1876).

3° Vœu présenté par la 2ᵉ section.

(Sciences et Histoire naturelle).

Président : M. LE MARQUIS DE CLAPIERS, Conseiller général.

Le Congrès des Orientalistes de Marseille, désirant que les études sur l'influence des divers climats soient profitables au monde entier, forme le vœu que l'Institut de France et l'Observatoire de Paris donnent des instructions qui, étant assimilées à l'étalon du mètre pour les mesures, soient aussi sans conteste la loi de tous.

(Séance générale de clôture du 10 octobre 1876).

4° Vœu présenté par M. Lientaud,
Bibliothécaire de la ville de Marseille.

Une disposition législative oblige les éditeurs à déposer deux exemplaires de chaque ouvrage nouveau. Ces deux exemplaires sont envoyés à Paris. Les villes et les départements n'ont point l'avantage de posséder les OEuvres, fruit du travail et des études locales.

M. Lieutaud propose d'adresser une pétition à la Chambre pour qu'un troisième exemplaire soit exigé, exemplaire qui serait destiné à la bibliothèque du chef-lieu du département où l'ouvrage aurait paru. Le département de la Seine, où se trouve la Bibliothèque nationale, serait exempté.

(Séance générale de clôture du 10 octobre 1876).

5° Vœu présenté par la 1ʳᵉ section.
(Linguistique, Archéologie, Littérature, Histoire et Beaux-Arts).

Président : M. LE BARON TEXTOR DE RAVISI,
Président du Congrès de Saint-Etienne.

Rétablissement, à Paris, de la chaire de Zend, supprimée à la mort de Burnouf.

(Séance générale de clôture du 10 octobre 1876).

6° Vœu présenté par M. Alfred Rabaud,
Négociant.

Fondation d'une Société de géographie à Marseille.

(Séance générale de clôture du 10 octobre 1876).

7° Vœu présenté par M. l'abbé Tenougi,

Vice-président du Congrès de Marseille.

Etablissement à Marseille d'une chaire de Malais et de Tamoul, langues d'un usage universel dans l'Extrême-Orient.

(*Séance générale de clôture du* 10 *otobre* 1876).

8° Vœu présenté par M. Rebitté,

Professeur.

Création à Marseille d'un Institut des langues commerciales.

(*Séance générale de clôture du* 10 *octobre* 1876).

Le Congrès laisse à son Bureau le soin d'adresser ses vœux, soit à la Chambre des Députés, soit au Ministre compétent, selon qu'il jugera opportun.

9° Vœu présenté par M. Gaspard Bellin,

Juge suppléant au Tribunal civil de Lyon,

et Louis Desgrand,

Président de la Société de Géographie de Lyon.

L'assemblée, sur la demande adressée par écrit à M. le Président du Congrès par M. Gaspard Bellin, tant en son nom qu'en celui de M. Louis Desgrand, désigne, à *l'unanimité*, LA VILLE DE LYON POUR ÊTRE LE SIÉGE DE LA SESSION SUIVANTE.

(*Séance générale de clôture du* 10 *octobre* 1876).

10° Vœu présenté par M. le Baron Textor de Ravisi,

Président du Congrès de Saint-Etienne.

Projet d'adoption d'un règlement constitutif et d'ensemble de l'OEuvre du Congrès provincial des Orientalistes. (1) L'assemblée n'agrée pas cette proposition. (2).

---

(1) Proposition de M. de Ravisi :

Considérant que le Congrès provincial des Orientalistes a eu deux sessions, l'une à Saint-Etienne (1875) et l'autre à Marseille (1876), plus une session inaugurale à Paris (1874) ;

Attendu que l'intérêt particulier de chaque session exige qu'il y ait un *règlement spécial et local,* mais aussi que l'intérêt général de l'œuvre demande qu'il y ait un *règlement constitutif et d'ensemble* ;

1° Un projet de règlement constitutif de l'œuvre du Congrès provincial des Orientalistes sera présenté à la 3me session, celle de Lyon, 1878.

2° Les anciens bureaux des sections de Paris, Saint-Etienne et Marseille seront invités à présenter chacun un projet, résultat de leur propre expérience.

3° Ces quatre projets seront fondus en un seul, à la session de Lyon, par une commission composée des délégués de chacun des dits quatre bureaux.

4° Ce projet définitif sera présenté à l'Assemblée comme règlement ultérieur constitutif et d'ensemble de l'œuvre du Congrès provincial des Orientalistes.

(2) M. l'abbé Tenougi, vice-président du Congrès, et M. A. Breittmayer, secrétaire-général, s'élèvent successivement contre l'adoption *d'un règlement définitif.*

M. Tenougi voit dans cette règlementation l'écueil principal des Congrès. Les discussions qui se sont élevées entre l'Athénée Oriental de Paris et le Congrès de Saint-Etienne en sont la preuve. Marseille a su rester indépendante et réussir par ses seules forces ; elle a préparé et organisé son Congrès, et elle n'a pas à se plaindre du résultat. Il est préférable que chaque session agisse avec une pleine liberté.

M. Albert Breittmayer rappelle que Marseille (*deuxième session*) a fait suite à Saint-Etienne (*première session*), dont le bureau lui a transmis ses pouvoirs, qu'il remettra lui-même, tels qu'il les a reçus. Il n'y a là qu'une dénomination d'ordre et de rang. Le Congrès actuel est une œuvre entièrement marseillaise.

EXPOSÉ

DE LA SUITE DONNÉE AUX VŒUX

Emis dans les Sessions

DU

CONGRÈS PROVINCIAL DES ORIENTALISTES

A chaque Session du Congrès provincial des Orientalistes un compte-rendu doit être présenté concernant la suite qui a été donnée aux vœux émis dans les sessions précédentes.

M. le Baron Textor de Ravisi, président de la première session, Saint-Etienne, a fait cet exposé à la deuxième session, Marseille (*Séance publique du 4 octobre 1876*).

Voici un exposé de la situation, au 31 décembre 1877, concernant les vœux des Sessions de Saint-Etienne et de Marseille, et de ceux de la Session inaugurale de Levallois-Paris.

ATHÉNÉE ORIENTAL

Session inaugurale — Levallois-Paris

1874

SITUATION DES VŒUX ÉMIS DANS LA SESSION

Les vœux émis par l'Athénée Oriental, dans la session inaugurale de LEVALLOIS-PARIS, relatifs à la première session du Congrès provincial des Orientalistes, ont eu leur entier accomplissement : **la ville de Saint-Etienne** *avait été choisie pour être le siége de la session*, et le BARON TEXTOR DE RAVISI, Directeur-Président de l'Athénée Oriental, *avait été élu pour être le président de cette session*. (1)

Le Congrès a eu lieu du 19 au 25 octobre 1875. La ville de Saint-Etienne a tenu à honneur de lui accorder une protection et une hospitalité aussi brillantes que généreuses (2) ; elle a voulu même consacrer le souvenir de la

-----

(1) Voir page 29.

(2) MAIRIE DE SAINT-ETIENNE EN 1875 :

Maire : M. Moyse, notaire.

Adjoints : MM. Hutter, directeur des Mines de Montrambert ;
Tardy, avocat ;
Cros, fabricant de rubans ;
Faure, rentier ;
Fourneyron. fabricant de rubans ;
Barbier, fabricant de chaux.

fondation de cette INSTITUTION PROVINCIALE par le tissage d'un magnifique ruban artistique, en satin broché soie et or.

Au-dessus de son écusson, encadré de branches de chêne, on lit :

« *1re Session provinciale du Congrès des Orientalistes, Saint-Etienne, 19-25 octobre 1875.* »

Au-dessous se trouve cette dédicace :

« *Offert par la Ville de Saint-Etienne.* »

Le nombre et la valeur des personnes amies de l'Orientalisme, qui, à Saint-Etienne, à Paris, dans les départements et à l'étranger, ont bien voulu répondre à l'appel qui leur a été fait, a été considérable (1), et, d'un autre côté, l'abondance, la nouveauté et l'intérêt des matières envoyées et traitées par les Orientalistes français et étrangers, ont dépassé toutes les espérances ; enfin, le montant réalisé des souscriptions n'ayant pu suffire, par suite de circonstances imprévues et diverses, à faire face à toutes les dépenses de la session, M. de Ravisi a achevé de remplir *personnellement* toutes les promesses faites par le programme.

Les *principales* causes d'excédant de dépenses sur les recettes ont été les suivantes :

Les frais de la publicité indispensable (prospectus, avis, circulaires, invitations), pour faire connaître, en France, en Europe et en Asie, cette œuvre *nouvelle* et inviter à y concourir, ont été plus considérables qu'on avait pu le supposer, et, d'un autre côté, la correspondance a été très-active et très-dispendieuse avec les nombreux inté-

____

(1) Au 25 octobre 1875, le nombre des membres était de 456. Une liste supplémentaire doit comprendre les personnes dont les adhésions sont arrivées après la clôture de la session.

ressés et invités au Congrès. L'impression du volume du COMPTE-RENDU DE LA SESSION INAUGURALE DE LEVALLOIS-PARIS (ouvrage offert en prime aux 200 premiers souscripteurs de la Session de Saint-Etienne) a été beaucoup plus élevée qu'il avait été prévu. Les *séances préparatoires* de la Session, qui, dans l'origine, devaient se borner à deux ou trois, ayant dû avoir lieu hebdomadairement (de mai à octobre), afin de faire connaître et apprécier l'œuvre, il en est résulté des dépenses continuelles ; enfin, le directeur du grand théâtre de Saint-Etienne a fait payer 1,000 fr. la location de sa salle pour la représentation et le concert offerts aux membres du Congrès, (exigence de la dernière heure sur laquelle on ne comptait pas).

Les mécomptes financiers de la session de Saint-Etienne ont servi d'expérience aux sessions de Marseille et de Lyon, et ils serviront aux suivantes.

C'est une bonne fortune pour le Congrès d'avoir été tenté à Saint-Etienne, dans une grande cité manufacturière et commerciale, c'est-à-dire dans un milieu où l'esprit public est davantage positif et pratique. M. de Ravisi, en effet, a pu constater (tout aussitôt qu'il a commencé ses conférences publiques pour faire connaître l'œuvre), que la réussite du Congrès était complètement impossible *si l'œuvre se tenait dans les voies académiques ordinaires*, nonobstant les brillants succès obtenus par les Congrès internationaux tenus à Paris et à Londres. Il a donc résolûment modifié le but et les tendances du Congrès provincial ; *à l'orientalisme littéraire et scientifique*, prisé seulement par un public spécial, il a ajouté dans le programme *l'orientalisme pratique et utile*, profitable au plus grand nombre.

C'est alors seulement que le haut public stéphanois a accepté l'œuvre décentralisatrice, entrevoyant dans la vulgarisation des livres et des travaux des maîtres et des amis de l'orientalisme de nouvelles sources de documents et de renseignements scientifiques profitables à tous, aux meilleurs rapports des peuples entre eux ; enfin, à une appréciation plus sérieuse et devenue nécessaire des hommes et des choses de l'Orient et de l'Extrême-Orient.

Tous les organes de la presse stéphanoise (1) et plusieurs de la presse régionale, ont prêté à l'œuvre l'appui le plus effectif et le plus bienveillant ; non seulement ils ont bien voulu lui consacrer plusieurs articles sérieux, mais encore *ils ont reproduit gracieusement* ses programmes, ses avis et ses comptes-rendus. Sans ce puissant et intelligent concours, l'œuvre fût restée renfermée, comme les travaux de nos sociétés académiques de province, dans un petit cercle spécial d'adhérents et d'intéressés, au lieu de s'étendre rapidement, d'occuper l'opinion publique et, tout aussitôt, d'obtenir son vivifiant suffrage.

Le programme général de la session de Saint-Étienne, les programmes des séances et des travaux, la liste des ouvrages et des livres envoyés au Congrès (dons des ouvrages et des livres ont été faits à la Bibliothèque de la

---

(1) M. Henri Théolier, rédacteur en chef du *Mémorial de la Loire et de la Haute-Loire*, rue Gérentet, 12.

M. Peychez, rédacteur en chef du *Républicain de la Loire et de la Haute-Loire*, rue de la République, 14.

M. Forestier, gérant du journal *le Stéphanois*, rue de la Bourse, 2.

M. Planchet, rédacteur du journal *le Télégraphe*, rue de la République, 29.

M. Parret, rédacteur-gérant de la *République des Paysans*, rue de la République, 14.

ville), les programmes des excursions et des fêtes, etc., etc., figurant dans le présent volume du compte-rendu, dispensent d'entrer, ici, dans d'autres détails.

Le Congrès provincial des Orientalistes a été proposé par *Paris*, fondé par *Saint - Etienne*, accepté par *Marseille* et continué par *Lyon*. Cet assentiment effectif, donné par nos trois grandes cités du centre et du midi, témoigne hautement que CETTE ŒUVRE PROVINCIALE EST DÉFINITIVEMENT COMPRISE ET AC-CEPTÉE PAR LA PROVINCE, aussi, attend-elle, avec confiance, les précieux concours de l'*Ecole spéciale des Langues orientales vivantes* et du *Collége de France*, et la haute protection de l'*Institut de France*.

Espoir que les résultats sérieux de la 3me Session (Lyon 1878) lui assureront ce triple succès, qui est sa noble ambition.

PREMIÈRE SESSION — SAINT-ÉTIENNE
1875

SITUATION DES VŒUX ÉMIS DANS LA SESSION

MARSEILLE a répondu dignement à l'appel de Saint-Etienne *(vote n° 1)*. La DEUXIÈME SESSION DU CONGRÈS a eu lieu du 4 au 5 octobre 1876.

Marseille a continué l'œuvre de Saint-Etienne ; mais a fait scission avec Paris, c'est-à-dire avec l'Athénée Oriental. Il faut reconnaître que cette situation était forcée, en présence de la décision du 12 novembre 1875, rendue par la Commission exécutive de Paris, qui dissolvait le Congrès provincial des Orientalistes et l'Athénée Oriental et qui leur substituait l'*Association des Orientalistes*.

La session de Marseille a parfaitement réussi. La vaste salle du *Cercle artistique* s'est trouvée trop petite pour contenir le nombreux public d'élite qui se pressait aux séances. Toute la presse locale, sans distinction d'opinions, a témoigné son intérêt effectif à l'Œuvre en donnant journellement dans ses colonnes des comptes-rendus détaillés.

La présidence du Congrès par M. le vicomte FERDINAND DE LESSEPS, Président-Fondateur de la Compagnie maritime de l'Isthme de Suez, membre de l'Institut, eût suffi pour consacrer le succès de la session marseillaise ; mais la présidence d'une séance (celle d'Egyptologie) par M. A. THIERS, membre de l'Académie française, ancien Président de la République française, en a fait en grand événement local. Plus de 20 à 25,000 personnes s'étaient entassées dans les rues environnant la salle du Congrès, afin de saluer à son entrée et à sa sortie, l'illustre vieillard, L'ENFANT DE MARSEILLE. M. A. Thiers a écrit que le Congrès provincial des Orientalistes resterait l'un de ses meilleurs souvenirs (1) ; ajoutons : *et l'un de ses derniers !...*

Le compte-rendu des travaux du Congrès de Marseille a paru en 1877. Il forme un beau volume grand in-8°, de 385 pages. Il n'a été tiré qu'à 373 exemplaires pour les membres du Congrès ; aucun exemplaire n'a été mis en vente.

———

Le vœu n° 2, relatif à la création d'un *Institut supérieur de Commerce*, a favorablement capté l'attention publique ; aussi est-il en bonne voie de solution.

M. Louis Desgrand, s'appuyant sur ce qu'il avait exposé à Saint-Etienne *au point de vue théorique*, a présenté ses idées à Marseille *au point de vue pratique*, au moyen d'un questionnaire. Les vingt-quatre questions posées ont été l'objet d'une discussion approfondie.

Ce questionnaire a été publié dans le volume des travaux de la session de Marseille. Plusieurs mémoires y ont répondu, concluant tous à la prise en considération du projet.

La *Société nationale d'éducation de Lyon*, frappée de l'importance du vœu émis par la session de Saint-Etienne, a soumis la question à l'épreuve d'une vaste enquête et en a publié les intéressants résultats. Elle a pris, ensuite, la décision suivante : « Adopte le rapport de sa Commission,

(1) Lettre du 12 novembre 1876 au baron Textor de Ravisi.

charge son Président de la communiquer à chacune des Chambres de Commerce de Paris, de Lyon et de Marseille, avec prière d'aviser aux moyens d'assurer l'exécution de ce projet. »

La Chambre de Commerce de Paris a mis le projet à l'étude. La Chambre de Commerce de Lyon hésite à se réunir à celle de Paris ; mais elle acceptera si cette dernière l'y invite. La réponse de la Chambre de Marseille est attendue.

La Société nationale d'éducation ayant fait sien le projet d'un Institut des hautes études commerciales, sa création doit être considérée comme assurée, car l'initiative lyonnaise A TOUJOURS su fournir les fonds nécessaires aux institutions qu'elle croit utiles.

———

Le vœu n° 3, de M. E. Guimet, relatif à la création, en province, dans un grand centre commercial, d'une chaire *libre* de langue orientale, soit de *chinois*, soit de *japonais*, soit de *chinois et de japonais* est réalisé... mais il est réalisé par lui-même... A SES PROPRES FRAIS !

Honneur à cet ami généreux de l'Orientalisme pratique !

M. E. Guimet, à la suite de sa mission au Japon, en Chine et aux Indes, *fonde, à ses frais, à Lyon*, non seulement une chaire de chinois et de japonais, mais « une ÉCOLE, dans laquelle les jeunes Orientaux pourront venir apprendre le français et les jeunes Français pourront étudier les langues mortes ou vivantes de l'Extrême-Orient. »

« Cette école aura des professeurs indigènes, de croyances différentes. Je suis déjà assuré, dit-il, du concours de cinq

sectes bouddhistes japonaises, de deux sectes bouddhistes indiennes, d'un confucéen et de plusieurs shintoïstes. »

« J'ai tout lieu de supposer que cette institution, aussi utile aux INTÉRÊTS COMMERCIAUX qu'à la PHILOSOPHIE et à la PHILOLOGIE, sera fréquentée par de nombreux jeunes gens de Lyon, qui se destinent au commerce extérieur ou que l'éloignement de la capitale prive des moyens de se livrer aux études des langues. »

« Cette école sera en relation constante avec les correspondants spéciaux que j'ai établis dans l'Inde, la Chine, le Japon, et toute personne qui s'intéresse aux questions religieuses pourra y trouver des informations sûres et immédiates. (1) »

———

Le vœu n° 4, du baron Textor de Ravisi, concernant la création d'une *chaire de langue* TAMOULE à l'École des langues orientales, *àParis*, et le vœu n° 8, de M. Emile Hecquet, demandant que *chaque possession de la France devienne un vaste entrepôt où la promulgation de nos codes aurait une garantie sérieuse*, ont été envoyés, en leur temps, à la Députation de l'Inde française à l'Assemblée nationale. Ce ne sont pas des questions dont la solution puisse être rapidement obtenue, aussi la Députation sera-t-elle priée instamment de vouloir bien continuer de faire le nécessaire devant les autorités et les influences compétentes.

M. le comte de Richemont, alors député, actuellement sénateur, a commencé des démarches que M. Godin, député actuel, a bien voulu poursuivre. M. Godin a présenté, en

———

(1) Rapport au Ministre de l'Instruction publique et des Beaux-Arts sur la mission scientifique de M. Emile Guimet dans l'Extrême-Orient (Lyon, 15 avril 1877).

1877, un amendement destiné à obtenir la création d'une chaire de langue de tamoule à l'Ecole des langues orientales, lors de la discussion du budget de l'Instruction publique à la Chambre des députés. Le ministre, alors M. Waddington, déclara que *la question n'était pas étudiée par son département, mais qu'il l'examinerait avec tout le soin nécessaire.* Sur ce, l'amendement a été retiré.

Espoir que la Députation poursuivra sa revendication, et que la question aura été étudiée, *cette fois*, par la Direction de l'Ecole des langues orientales vivantes.

———

Le vœu n° 5, de M. l'abbé Martin, relatif à la création d'une chaire de langue *syrienne* ancienne et moderne, au collége de France, et le vœu n° 6, de M. Le Mansois du Prey, concernant la création d'une chaire de *cambodgien* à l'Ecole spéciale des langues orientales vivantes, n'ont pas encore été pris en considération. Ils n'aboutiront probablement qu'après la création d'une chaire de langue *tamoule*.

Tous les vœux émis par le Congrès provincial des Orientalistes, concernant la *création de nouvelles chaires de langues vivantes* sont viciés, il faut le reconnaître, d'une tache originelle, celle de la provenance *d'une institution* PROVINCIALE *non encore acceptée* ni par le Collége de France, ni par l'Ecole des langues orientales. Ses vœux, quelques motivés qu'ils soient, ont donc la malechance (et c'est leur plus grand tort !) d'avoir contre eux les dispositions systématiquement défavorables des directions de ces deux grands établissements supérieurs. Pourquoi ? *That is the question....*

Cependant, comme l'érection de ces chaires est d'une

utilité incontestable, qu'on se place au point de vue scientifique comme au point de vue politique ou commercial, et, par conséquent, que *tôt ou tard l'opinion publique interviendra en leur faveur*, ce n'est donc qu'une affaire de temps : temps perdu, ajoutent les hommes pratiques !

———

C'est au Congrès de Saint-Etienne que les grandes et intéressantes questions, concernant le Cambodge *(Khmer)*, ont été exposées, pour la première fois, au monde savant, et par les explorateurs *eux-mêmes*. L'importance du vœu n° 6 exige donc des développements sur la suite qui lui a été donnée.

« *Que le Gouvernement multiplie ses encouragements aux savants et aux navigateurs, et provoque de nouvelles recherches au Cambodge.* »

1° *Encouragements aux savants et aux navigateurs.*

M. le lieutenant de vaisseau Delaporte, déjà officier de la Légion d'Honneur, a été nommé officier de l'Instruction publique. Les différents membres de la mission archéologique que cet officier a dirigée au Cambodge ont été nommés Officiers d'Académie. MM. l'ingénieur Bouillet et le docteur Harmand ont reçu la croix de la Légion d'Honneur. M. le marquis de Croizier, qui avait pris une part active à l'organisation de la mission, a reçu, sur la proposition et par l'entremise de l'amiral Dupré, gouverneur de la Cochinchine, la croix d'officier de l'ordre royal du Cambodge. En lui envoyant les insignes de cet ordre, par l'intermédiaire de la Société de Géographie de Paris, l'amiral-gouverneur le remerciait de *l'empressement avec lequel il avait coopéré à l'organisation de la mission* et le priait de considérer la distinction qu'il lui adressait *comme le témoignage de sa satisfaction pour le service qu'il avait rendu à la colonie en cette circonstance.* M. Faraut a été nommé chevalier du même ordre. M. Charles Blanc, M. Charles Simon, feu M. Alexandre, MM. Lafenestre et Comte (qui, comme directeur des Beaux-Arts, chef du cabinet du Ministre de l'Instruction publique, chef du bureau des Beaux-Arts et sous-chefs à la Direction des Beaux-Arts), avaient facilité à M. Delaporte l'accomplissement de sa mission, ont été nommés, le premier commandeur, et les autres chevaliers de l'ordre du Cambodge. M. Maunoir, secrétaire général de la Société de Géographie, a reçu la même distinction. Nous sommes heureux d'apprendre que M. E. Escallier, chef du service de la souscription à la direction des Beaux-Arts, doit, également, recevoir la croix du Cambodge.

M. le lieutenant de vaisseau Delaporte a été détaché au dépôt de cartes et plans de la Marine pour mettre en œuvre les richesses artistiques qu'il a recueillies. M. Faraut lui a été adjoint.

2° Que le Gouvernement provoque de nouvelles recherches au Cambodge.

La Direction des Beaux-Arts a confié une nouvelle mission archéologique au Cambodge à M. Faraut.

M. Faraut, après avoir visité avec la mission Delaporte la région orientale du grand lac, avait découvert, dans la province de Suren, un grand nombre de monuments. Seul, avec des ressources restreintes, il avait rendu à l'archéologie un service inestimable. En lui confiant une nouvelle mission, la Direction des Beaux-Arts a donc fait œuvre de justice. Malheureusement, à son arrivée à Saïgon, M. Faraut a dû reprendre son service de *conducteur des* *ponts et chaussées de 3me classe* et déposer, dans les caisses et les magasins du Gouvernement, les crédits et les présents qui lui avaient été remis à Paris. Il y a, cependant, lieu d'espérer que le gouverneur de la Cochinchine, M. l'amiral Lafont, arrive à concilier les exigences du service et les intérêts de la science.

M. le lieutenant d'infanterie de marine Aymonier, a été autorisé, par l'amiral gouverneur, à visiter les monuments Khmer de la Cochinchine septentrionale.

M. le lieutenant de vaisseau Moura, chef du protectorat français au Cambodge, a reçu un congé pour explorer les ruines Khmer de la Cochinchine occidentale à la frontière Sud-Est du Cambodge.

Le Dr Harmand a reçu des ministères de l'Instruction publique et de la Marine une très-importante mission scientifique en Indo-Chine, qui a été terminée par un voyage de Phnom Peng à Hué, par la voie de terre. Les travaux du docteur ont porté principalement sur l'ethnographie, l'histoire naturelle et la géologie, mais ils n'ont pas négligé l'archéologie, et, comme l'a dit M. de Quatrefages, les matériaux artistiques, réunis par M. Harmand, sont nombreux et entièrement nouveaux.

3° Que le Gouvernement donne la plus grande publicité aux richesses du Musée Khmer de Compiègne et à tous les travaux relatifs à l'art Khmer :

Un seul ouvrage a paru sur le Musée fondé par M. Delaporte : *L'Art Khmer, Etude sur les monuments de l'ancien Cambodge, avec un Traité sur l'architecture Khmer. La description des monuments découverts et le Catalogue raisonné du Musée Khmer de Compiègne,* par M. le marquis de Croizier, 1 vol. in-8°, PL. et carte, Paris, 1873, Leroux, édit. — Le Gouvernement a fait une importante souscription à cet ouvrage et l'a envoyé à un grand nombre de bibliothèques. La plupart des Sociétés savantes l'ont également reçu et son auteur a été nommé membre correspondant, à titre honorifique, de notre *Société académique de la Loire*, de la *Société académique des Alpes-Maritimes*, de la *Société de Climatologie algérienne*, de l'*Académie italienne des sciences naturelles*, de l'*Académie byzantine El Chark*, des *Sociétés de Géographie d'Anvers et de Lisbonne*, de l'*Institut R. G. D. de Luxembourg*, etc., etc. Un nouvel ouvrage de M. le marquis de Croizier va paraître, consacré, cette fois, uniquement au musée Khmer. *Le Musée Khmer : Notice des monuments cambodgiens du musée de Compiègne*, 1 vol. in-18, de la collection elzévirienne, PL. et carte, Paris, 1878, Leroux. Une étude spéciale est consacrée dans cet ouvrage à chacun des morceaux d'architecture recueillis par la mission archéologique.

Sous le titre de *Légendes indo-chinoises relatives aux monuments de pierre de l'ancien Cambodge*, M. de Croizier a fait paraître un grand nombre de traductions qui ne peuvent tarder d'être réunies en volume.

Par la création du Musée ethnographique, établi au Palais des Champs-Elysées par les soins de M. le baron de Watteville, directeur des Sciences et des Lettres au ministère de l'Instruction publique, le Gouvernement a encore donné une nouvelle impression aux études d'archéologie Khmer. Les richesses recueillies par le Dr Harmand ont figuré à cette exposition, à côté de quelques morceaux de sculpture empruntés au musée Delaporte.

Enfin, il a été décidé qu'une reconstitution d'un monument Khmer trouverait sa place à l'Exposition universelle de 1878.

2° Au point de vue scientifique :

Qu'une chaire de cambodgien soit créée à l'école des langues orientales, et que la connaissance de la langue cambodgienne soit répandue.

Si des nécessités budgétaires ont empêché le Ministère de l'Instruction publique de pouvoir donner satisfaction à la première partie de ce vœu, la seconde partie a, du moins, été prise en sérieuse considération.

L'imprimerie nationale de Saïgon a fait paraître en autographie, entre autres travaux de M. Aymonier, une nouvelle édition remaniée du *Manuel de la langue cambodgienne* de Janneau. On sait que le regretté M. Janneau n'avait fait, lui-même, que développer le travail du P. Levavasseur, mort il y a cent ans. Les études de linguistique Khmer, fondées par le P. Levavasseur, reprises de notre temps par M. Janneau, ont donc été continuées par M. Aymonier. Pour bien montrer toute l'importance qu'il attache à ces études, le Gouvernement a récemment appelé cet officier distingué à la Direction de l'Ecole des Administrations stagiaires, et l'Institut de France lui a décerné un de ses prix. M. le lieutenant de vaisseau Moura vient de donner chez l'éditeur Challamel un *Vocabulaire Cambodgien-Français.*

La Bibliothèque nationale de Paris a enrichi sa section de manuscrits orientaux de l'importante collection Hennecart, composée de manuscrits cambodgiens et de travaux inédits sur la langue cambodgienne, laissés par le regrettable docteur Hennecart. M. Léon Feer a consacré à cette collection une étude fort sérieuse dans le *Journal asiatique.*

Avant le Congrès de Saint-Etienne, les études cambodgiennes étaient à peine enfantées. Aujourd'hui, elles ont grandi et elles occupent une place importante dans le domaine de la science. Cette place, c'est à ce Congrès qu'elles la doivent. Il faut lire le compte-rendu des séances préparatoires qui ont précédé notre Congrès pour voir comment nous vint l'idée de grouper les amis des études cambodgiennes, à la suite d'un envoi de M. le marquis de Croizier et quel fut l'aide que nous rencontrâmes chez ce savant, véritable auteur du mouvement scientifique qui a fait entrer l'Inde Transgangétique dans le domaine de l'Orientalisme français, qui recueillit les adhésions de MM. Delaporte, Thorel, de Villemereuil, Ratte, de la Grée, Marcel, comte de Mortemart, Nibelle, Scaramanga, Mgr Cirot, Esnard, de Bas, Aymonier, etc., etc.

M. le marquis de Croizier a continué son œuvre. Il a fondé à Paris, pour l'étude scientifique de l'Inde Transgangétique, de l'Inde française et de l'Archipel indien, la *Société académique Indo-Chinoise*, dont il a été élu président à l'unanimité. Les études cambodgiennes sont inscrites en première ligne du programme de la nouvelle Société.

La Société compte parmi ses premiers membres inscrits : le Président du Congrès de Saint-Etienne, M. le baron Textor de Ravisi. Ses Secrétaires sont MM. Aristide Marre, le commandant de La Grée et Adolphe Nibelle, membres du Congrès stéphanois. Le Conseil de la Société compte encore d'autres membres du Congrès stéphanois : le comte de Mortemart, M. Garcin de Tassy et le marquis d'Hervey de Saint-Denys, tous deux membres de l'Institut, le docteur Legrand, le lieutenant de vaisseau Delaporte, etc.

Le premier acte de la Société académique Indo-Chinoise a été de nommer membre honoraire l'abbé *Bouillevaux*, ancien missionnaire au Cambodge. Cet ecclésiastique, aujourd'hui curé à Longeville (Haute-Marne), visitait, dès 1850, les premiers monuments du Cambodge. *Il a donc précédé dans la voie des découvertes* l'anglais King, de sept ans, le français H. Mouhot, de douze ans, le commandant de la Grée, de treize ans, l'allemand Bastian, de quatorze, la commission du Mé-Kong et Francis Garnier, de dix-sept, les anglais Kennedy et Thomson, de seize, et la mission Delaporte, de vingt-trois années.

Son premier volume de mémoires contient des travaux archéologiques signés Bouillevaux, Delaporte, Dr Harmand, des études philologiques, par MM. Garcin de Tassy, de l'Institut, le Père Biet, Marquis de Croizier et l'abbé Favre, professeur à l'école spéciale des langues orientales ; un résumé historique, par M. Henri Houssaye ; une communication de M. Nibelle sur la musique indo-chinoise et un exposé de la collection de manuscrits malais, de la Bibliothèque nationale, par M. Marre.

La Société académique Indo-Chinoise se propose de reconstituer l'histoire de l'ancienne civilisation du Cambodge, d'enregistrer les résultats acquis et de combler le *desiderata* de la science Khmer. Dans le domaine de la linguistique, elle réunit les éléments d'un *corpus* d'inscription Khmer. Ses travaux doivent figurer à l'Exposition universelle de 1878 où un emplacement lui a été concédé.

On le voit, les études cambodgiennes, sous l'impulsion du Congrès de Saint-Etienne, ont pris un grand développement. Elles prendront chaque jour plus d'extension, nous en avons la confiance, lorsque des recueils comme la *Revue orientale et américaine*, le *Bulletin de la Société de Géographie*, la *Revue des Deux Mondes*, l'*Artiste*, la *Revue de France*, le *Journal asiatique* et vingt autres de cette haute valeur insèrent des travaux consacrés au Cambodge et signés Delaporte, Aymonier, de Croizier, Harmand, Hamy, Thorel, de Villemereuil, Meyners d'Estrey, etc., et que le mouvement se fait sentir jusqu'à l'étranger et se traduit par des études signées Fergusson, en Angleterre, Bastian et Hellauld, en Allemagne, da Silva et San Januario, en Portugal.

Il faudra bien peu de temps pour que le vœu n° 6 soit entièrement accompli et le jour est proche où *l'école des langues orientales comptera une chaire de cambodgien.*

———

Le vœu n° 7, concernant la nécessité pour nos intérêts commerciaux dans l'Extrême-Orient d'avoir des *consuls ou représentants plus négociants que diplomates,* trouvera sa satisfaction naturelle dans la création d'un Institut supérieur de Commerce, qui fournira des sujets connaissant la pratique autant que la théorie commerciale. (Vœu n° 2).

Le vœu de M. A. Servant, de Paris, ne doit donc pas être séparé de celui de M. Louis Desgrand, de Lyon. Ce sont ceux de deux chefs distingués de grandes maisons, qui, amis sérieux de la science, apportent l'esprit pratique des affaires dans les sessions du Congrès provincial des Orientalistes.

———

Les décisions n° 9 et n° 10, concernant le commandant *E. Doudart de Lagrée* et le capitaine *Francis Garnier,* témoignent, par des faits, de l'utilité pratique des sessions du Congrès provincial des Orientalistes.

Une revendication *publique* était devenue nécessaire en faveur de E. Doudart de Lagrée, après la séance solennelle de la Société de Géographie de Paris. En la circonstance, elle eût été insuffisante par la presse. Il est juste de dire que, dès le 12 août 1875, M. le marquis de Croizier avait protesté, par une lettre-circulaire adressée à tous ses Collègues du Congrès des sciences géographiques de la Société de

Géographie de Paris. La protestation du marquis de Croizier avait été lue en séance publique à la Société de Géographie (V. *Bulletin de la Société de Géographie*, 1875, t. II, page 551) et avait été insérée dans un grand nombre de journaux. M. le baron Reille, commissaire général du Congrès, au nom du Congrès, et M. Ch. Maunoir, secrétaire général de la Société de Géographie, au nom de la Société, avaient donné acte à M. de Croizier de sa prostestation ; enfin, le frère du regrettable commandant de Lagrée lui avait adressé la lettre suivante :

« Veuillez m'excuser si, sans avoir l'honneur d'être
« connu de vous, je vous adresse mes remerciements
« pour la prostestation que vous avez adressée au Congrès
« des sciences géographiques, au sujet de l'exclusion
« dont semble avoir été frappé mon frère, le capitaine de
« frégate Doudart de la Grée. Il m'est doux et consolant
« de voir, après un oubli si regrettable, sa chère mé-
« moire réhabilitée par des personnes éminentes dans
« les sciences et les lettres. *J'espère que l'œuvre de ré-*
« *paration dont vous venez de prendre l'initiative*, et qui
« a trouvé de si chaleureux imitateurs (1), produira son
« effet et ramènera, peu à peu, les esprits à une ap-
« préciation plus juste et surtout plus impartiale. »

La session stéphanoise a eu la bonne fortune de servir de chaire de discussion et de publicité contradictoires aux compagnons et amis du commandant E. Doudart de Lagrée.

M. le commandant de Villemereuil, en leur nom et en celui de la famille de la Grée, a exposé, avec autorité, la part incontestable de E. Doudart de Lagrée dans l'établisse-

---

(1) Les imitateurs dont parlait M. de la Grée étaient les Dʳˢ Thorel et Joubert, les commandant et capitaine de Villemereuil et Delaporte, etc.

ment du protectorat français au Cambodge, et que, seul, il avait dirigé et conduit l'exploration du Mé-Kong ; puis, il a fait connaître ses beaux et importants travaux scientifiques.

M. Carvès, ancien maire-adjoint de la ville de Saint-Etienne (1), au nom des amis de Francis Garnier et en celui de sa famille, a exposé la courte et brillante carrière du capitaine Garnier, ses services, ses travaux scientifiques et sa mort glorieuse. Il a établi, aussi, la partin contestée que lui assignaient les Annales de la Cochinchine et celles du monde savant ; il a justifié, enfin, le vote du Conseil municipal de Saint-Etienne d'avoir voulu honorer sa mémoire.

Ces délicates revendications contradictoires ont été faites avec la plus grande dignité, la plus parfaite convenance et la plus stricte impartialité. Chaque parti n'a voulu que remettre en lumière, avec pièces à l'appui, des faits laissés dans l'oubli, mal connus ou mal appréciés. Aussi ces panégyriques de bon aloi, où l'éloquence du cœur s'est souvent manifestée, resteront-ils gravés dans l'esprit du nombreux public d'élite devant lequel ils ont été prononcés.

Deux gloires, *parallèles mais non rivales*, si l'on peut parler ainsi, ont été mises en relief à la session de Saint-Etienne, et ce sera son plus beau titre. Hommages solennels, en présence des parties intéressées et des témoins, rendus à la mémoire de deux braves et savants officiers morts au champ d'honneur, trop tôt enlevés à la science et à la marine. Saint-Vincent-de-Mercuze et de Saint-Etienne peuvent être fiers de E. Doudart de Lagrée et de Francis Garnier, dont les noms resteront en tête des fastes de l'histoire de l'expansion de la France dans l'Indo-Chine et dont les travaux inaugureront dignement les Annales de la science européenne dans cette région !

-----

(1) Ancien aspirant de 1re classe de la marine (1845).

La ville de Saint-Etienne, qui avait pris l'initiative en faveur de la mémoire de Francis Garnier, a cru devoir, par raisons de haute convenance, ajourner ses intentions, afin de donner satisfaction aux susceptibilités du Ministère de la Marine, qui souhaitait voir honorer, en même temps, la mémoire de Doudart de Lagrée. *Ce vœu est accompli.* Sur l'initiative et par les soins du contre-amiral Baron Duperré, gouverneur de la colonie, le gouvernement de la Cochinchine vient de faire élever, à Saïgon, sur la promenade publique, un magnifique mausolée au chef de l'exploration du Mé-Kong (1). Rien n'arrête donc plus Saint-Etienne dans sa légitime intention de perpétuer, aussi, la mémoire du jeune officier de marine, dont il s'honore justement d'avoir été le berceau.

———

Le vœu n° 11, de M. de Ravisi, demandant que les religions et les philosophies de l'Orient et de l'Extrême-Orient continuassent à faire partie des études des sessions du Congrès provincial des Orientalistes ne fait plus question : tous les Orientalistes sont actuellement d'accord sur ce point.

A Marseille, les matières religieuses et philosophiques qui ont été présentées ont été abordées dans le cours des séan-

---

(1) On lit l'inscription suivante sur l'une des faces de la pyramide :

« A la mémoire de DOUDART DE LAGRÉE (Marc-Ernest), capitaine de « frégate, chef de l'exploration du Mé-Kong, né à Saint-Vincent-de-Mer-« cuze, le 31 mars 1823, décédé à Tong-Tchucu (Yuannan), le 12 mars « 1868. »

Sur la table de marbre du socle se trouve cette autre inscription :

« Lorsque ce feu sacré qui fait oublier les souffrances physiques « n'eut plus d'aliment ; lorsque nous touchions au port, à une journée « de marche de ce fleuve Bleu tant désiré, la mort vint le ravir à « ses compagnons de voyage. »

Le Baron Duperré a extrait cette phrase de *l'Introduction mise par le Docteur Joubert en tête de la partie géologique* rédigée par lui dans le voyage d'exploration en Indo-Chine (Rédaction officielle).

ces ; mais à Lyon une très-large part spéciale leur sera faite (quatre séances sur six). Il y a lieu, en effet, de faire profiter la science des nombreux et précieux documents religieux rapportés par M. E. Guimet de sa mission : « Près de trois mille volumes sont déjà rassemblés (ouvrages sanscrits, tamouls, singalais, chinois, japonais et européens), traitant particulièrement les questions religieuses. »

C'est dans l'application persistante du vœu n° 12 que réside le succès et l'avenir des sessions provinciales. Seul entre les Sociétés orientalistes, le Congrès a pour objectif précis « *de mettre en relations les représentants de la science résultant de l'expérience et de la pratique, avec les* MAITRES AUTORISÉS *de la science, fruit des labeurs de l'étude.* » C'est en cela que le Congrès est réellement utile et c'est par là qu'il a conquis ses plus précieux suffrages.

Puisse les sessions ultérieures avoir les mêmes succès que celles de Saint-Etienne et de Marseille, par la présence, à leurs séances, de *voyageurs* en Asie et en Egypte.

Saint-Etienne a eu la bonne fortune, non-seulement d'avoir des VOYAGEURS tels que *MM. E. Porte* (Japon), *Huvey* (Japon), *Bourgaud* (Abyssinie), *Varinard* (Egypte), *Textor de Ravisi* (Hindoustan) ; mais, encore, des VOYA-GEURS-SAVANTS, tels que *MM. E. Guimet* (Asie et Egypte), *E. Madier de Montjau* et *Milson* (Chine et Japon) ; et, enfin, des VOYAGEURS-EXPLORATEURS ET SAVANTS, tels que *MM. Delaporte, Aymonier, Thorel* et *Ratte* (Indo-Chine), et *M. Dupuis* (Chine et Indo-Chine), etc., etc. (1)

---

(1) M. Dupuis étant arrivé à Saint-Etienne au moment de la clôture de la session, ses mémoires scientifiques sur l'exploration du *Fleuve Rouge* (Kong-Kiang), n'ont pu qu'être indiqués. Le Bureau les a en-

Les séances des sections du Congrès de Marseille ont été sans cesse animées et rendues intéressantes par les relations de capitaines *(amis de la science)*, qui avaient voyagé dans l'Orient et l'Extrême-Orient. Aussi, le vif regret que les amis de l'œuvre ont éprouvé, en ce qui concerne la session marseillaise, c'est que plusieurs *maîtres de Paris* n'y fussent pas venus, dans leur propre intérêt d'abord, et, ensuite, dans celui de la science. Ils y auraient recueilli, pour la branche spéciale de l'orientalisme dans laquelle ils ont fait leur réputation, des documents inédits et spéciaux qu'il n'eût dépendu que d'eux d'obtenir aussi complets qu'ils l'eussent désiré.

Espoir que la session lyonnaise ne laissera aucun regret de ce côté !

———

Le vœu n° 13, concernant la *réglementation générale de l'œuvre du Congrès provincial des Orientalistes*, a été repoussé à la session de Marseille ; mais il faut reconnaître que cette grave question n'était pas assez mûre et que la discussion ne pouvait pas, alors, s'appuyer suffisamment sur l'expérience des faits accomplis.

M. de Ravisi présentera donc à la session de Lyon le *projet de Statuts* qui fait l'objet de sa circulaire imprimée du 31 décembre 1875. Le texte de ce projet, déjà modifié par des observations importantes qui ont été faites par les amis de l'œuvre, n'est destiné qu'à servir de base à une

———

voyés, de sa part, à la session de Marseille, qui les a mis à l'ordre du jour et en a rendu compte dans son volume.

Quant à ses mémoires politiques, M. Bertholon, député de Saint-Etienne à l'Assemblée nationale, s'en est chargés. La Commission des pétitions a pris connaissance des revendications en indemnités faites par M. Dupuis au Gouvernement français, qui ne s'élevent pas à moins de vingt-quatre millions de francs. L'affaire est en cours d'instruction.

discussion sérieuse pour arriver à un projet définitif. On a vu, dans l'introduction, qu'il y avait, actuellement, *sept projets* de règlementation se partageant les opinions des promoteurs et des amis de l'œuvre provinciale.

———

Les conservateurs des bibliothèques et des musées, ceux de *Marseille exceptés*, n'ont pas encore tenté de donner satisfaction au vœu n° 14. Il était prévu qu'il en serait ainsi tant que l'invitation n'en arriverait pas du Ministère de l'Instruction publique ou qu'un grand exemple ne leur serait pas offert, qui stimulerait leur initiative individuelle.

L'invitation ministérielle n'a pas encore été demandée, mais un exemple va être donné, *unique, encore, en son genre !...*

M. E. Guimet, pour ASSURER UN ASILE CONVENABLE à tous les trésors qu'il a rapportés (achats et transports *à son compte)* de son voyage en Orient, fonde, à Lyon, **à ses frais**, « un *musée religieux* qui contiendra tous les dieux de l'Inde, de la Chine, du Japon et de l'Egypte. Ces deux dernières collections sont déjà complètes. »

Non-seulement les plans de ces musée et bibliothèque sont dressés, mais la construction du monument est commencée et sera très-activement poursuivie.

Ce monument grandiose sera digne de la ville de Lyon et il perpétuera dignement la mémoire de M. E. Guimet, son généreux fondateur, et le souvenir, aussi, de la 3ᵐᵉ session du Congrès provincial des Orientalistes, *qui sera son œuvre.* (Lyon, 1878).

M. Julien Duchâteau, orientaliste (ancien secrétaire de l'Athénée Oriental), a présenté un projet détaillant les *collections particulières et générales* et les *catalogues particuliers et généraux* que l'on pourrait faire sur l'Orient. Cet intéressant travail figure au compte-rendu de la séance du 25 octobre 1875. Il sera utilement consulté par MM. les Conservateurs des bibliothèques et des musées.

———

Le Bureau poursuivra avec persévérance la réalisation des vœux et des décisions de la Session de Saint-Etienne ; mais, pour arriver à ce résultat, il compte particulièrement sur la continuation du bienveillant appui de Messieurs les Sénateurs et de Messieurs les Députés du département de la Loire et de l'Inde française, et, aussi, sur celui de la Municipalité de Saint-Etienne, qui voudra bien continuer son œuvre de PREMIÈRE PROTECTRICE DU CONGRÈS PROVINCIAL DES ORIENTALISTES FRANÇAIS.

———

DEUXIÈME SESSION — MARSEILLE
1876

SITUATION DES VŒUX ÉMIS DANS LA SESSION

Vœu n° 1. — *L'Association internationale pour la civilisation et l'exploration de l'Afrique intérieure* est constituée, et cette grande œuvre, sous l'initiative active du grand perceur de l'isthme de Suez et avec la protection intelligente du roi Léopold de Belgique, marche à grands pas. La presse européenne l'a acceptée, et elle porte ses procès-verbaux à la connaissance des amis du progrès, de la civilisation et de la science. Toutes les principales sociétés de géographie s'occupent de cette œuvre, dont la session de Marseille aura eu l'honneur d'avoir la première communication par M. le vicomte Ferdinand de Lesseps, et de l'avoir acclamée.

———

La Chambre des Députés a été saisie du vœu n° 4, de M. Lieutaud, relatif au *dépôt d'un troisième exemplaire des ouvrages imprimés en province*, et elle en a prononcé le renvoi au Ministre de l'Intérieur (Rôle général n° 603, — Journal officiel du 21 janvier 1877). M. A. Piard, rapporteur.

Aux considérants du Congrès, la Commission en a ajouté un d'une haute valeur. « Ces bibliothèques départementales pourraient, d'ailleurs, être d'une grande utilité dans le cas où un accident quelconque atteindrait les collections de la Bibliothèque nationale. »

La Commission ayant proposé le renvoi de cette pétition à M. le Ministre de l'Intérieur, on est actuellement en pourparlers auprès de lui, et tout fait espérer qu'une solution favorable interviendra très-prochainement.

———

Le vœu n° 6, de M. A. Breittmayer, est complètement réalisé ! La séance d'inauguration de la *Société de Géographie de Marseille* a eu lieu le 6 mars 1877. La Société a ouvert un cours de géographie, qui est déjà suivi par de nombreux auditeurs, et, en ce moment, elle ouvre un second cours de géographie commerciale. Elle a publié un bulletin, qui en est à son deuxième numéro, et plusieurs cartes importantes ; enfin, elle a donné plusieurs conférences, qui ont été fréquentées par un public d'élite et très-nombreux.

———

Le vœu n° 9, désignant *Lyon pour être le siége de la* 3me *Session du Congrès*, va être réalisé en août 1878, au delà de tout ce qu'il était raisonnablement permis d'espérer. La magnificence et la générosité de M. E. Guimet, et les précieux et nombreux matériaux qu'il a rapportés de sa mission scientifique dans l'Extrême-Orient, feront de la session lyonnaise *le couronnement de l'œuvre du Congrès provincial des Orientalistes*. Avec cette session, l'œuvre sera réellement fondée, car elle aura obtenu définitivement le double assentiment du haut public et du monde savant de Paris et de la Province.

———

Les autres vœux (n°s 2, 3, 5, 7 et 8) émis par la sesion de Marseille ont donné lieu à diverses démarches et à des pourparlers sérieux, mais leur réalisation fait encore question (1).

Les vœux de Marseille aboutiront tôt ou tard, car ils ont pour zélés et intelligents promoteurs, M. l'abbé Tenougi et M. Albert Breittmayer, dont l'initiative et l'activité ont su mener à bonne fin la session marseillaise. Ces projets sont assurés, aussi, du haut et bienveillant concours de Messieurs les Sénateurs et de Messieurs les Députés des Bouches-du-Rhône. Marseille, du reste, est habituée, comme Lyon, à appliquer l'initiative individuelle aux entreprises d'utilité publique.

Le Président
de la 1re Session du Congrès provincial
des Orientalistes :

Bon TEXTOR DE RAVISI.

---

(1) N° 2. — Société archéologique du musée Borély.

N° 3. — Instructions de l'Institut de France et de l'Observatoire de Paris, sans conteste la loi de tous.

N° 5. — Rétablissement, à Paris, de la chaire de Zend.

N° 7. — Etablissement, à Marseille, d'une chaire de Malais et de Tamoul.

N° 8. — Création, à Marseille, d'un Institut de langues commerciales.

RUBAN

Offert par la **VILLE DE SAINT-ÉTIENNE**

AUX *MEMBRES* DE LA PREMIÈRE SESSION

DU

CONGRÈS PROVINCIAL DES ORIENTALISTES

La tradition ordinaire, c'est de frapper une médaille ou d'en approprier une aux événements dont on veut consacrer la mémoire. La fabrication des rubans étant une des quatre grandes industries de St-Etienne (1), la MUNICIPALITÉ a eu l'heureuse pensée de perpétuer le souvenir *de l'inauguration de l'œuvre* PROVINCIALE *par un ruban artistique* spécialement composé et fabriqué pour la circonstance. Elle a offert gracieusement ce ruban à tous les MEMBRES *de la première session du Congrès provincial des Orientalistes*, SESSION DE SAINT-ETIENNE, 1875.

---

(1) Charbon de terre et houille, fers et aciers, armes de guerre et de luxe, rubans et velours.

Ce DESSIN (1) remplace le RUBAN *lui-même*, dont M. de Ravisi avait eu l'intention d'orner cette publication par une réédition à ses frais; mais les cartons de lisse ayant été abîmés par suite d'un accident, et la maison de fabrication demandant 2 fr. 50 par exemplaire, il a dû renoncer à son projet.

Ce ruban a été déposé dans la collection des modèles et échantillons de rubanerie, réunie au Musée de Saint-Etienne (Palais-des-Arts). Cette splendide collection, la plus belle et la plus complète qu'il y ait en France, comprend des spécimens variés de tout ce qui s'est fabriqué dans ce genre à Saint-Etienne depuis le commencement de ce siècle. On peut y suivre pas à pas l'histoire complète de la fabrication stéphanoise au moyen des échantillons déposés par les principaux fabricants au secrétariat du Conseil des Prud'hommes et remis au Musée après l'expiration des dépôts, augmentés successivement de nombreuses donations particulières. Le nombre des échantillons ainsi réunis s'élève actuellement à plus de 150,000 et s'accroît de jour en jour.

Nous donnerons, au compte-rendu de la visite faite au Palais-des-Arts par les Membres du Congrès, des détails sur cette collection et les noms des principaux donateurs et fabricants.

---

(1) Reproduit et gravé par M. Balaÿ, lithographe, à Saint-Etienne.

OFFERT PAR LA VILLE DE St ETIENNE.

Reproduction en grandeur naturelle.

365

Les exemplaires destinés au public ne seront mis en vente que lorsque le COMPTE-RENDU de la Session de Saint-Etienne aura paru complètement.

Jusque-là, les livraisons publiées ne seront délivrées qu'aux MEMBRES de la Session et aux Souscripteurs au Compte-Rendu.

Le montant de la cotisation reste naturellement fixé à 10 francs pour les Membres inscrits de la Session, qui n'ont pas encore acquitté leur cotisation.

Seront considérés comme Membres et, traités comme tels, les Auteurs qui ont envoyé des communications ou des mémoires, mais qui ont oublié de retirer leur carte de Membres de la Session.

Le montant de la Souscription à la présente publication est de 20 fr., au lieu de 30 fr., prix de vente au public ; 5 fr. seront payables en retirant la première livraison ; 5 fr. en recevant la fin du premier volume, et, enfin, 10 fr. en recevant le deuxième volume.

Les Orientalistes savent les difficultés de toute nature que présente en Province la publication des travaux imprimés avec le concours de caractères orientaux et illustrés de planches et dessins ; aussi, cette publication ne pourra-t-elle être achevée avant la fin de la présente année 1878.

En exécution de l'article 26 du règlement, MM. les Auteurs et Souscripteurs qui désireraient l'insertion des titres de leurs ouvrages dans le CATALOGUE de librairie qui sera annexé au compte-rendu de la Session de Saint-Etienne, sont priés d'envoyer, sans retard, les documents nécessaires.

Plusieurs Auteurs des communications et mémoires ont déjà fait la demande de *tirages à part pour la partie du compte-rendu qui les concernait.* Les autres Auteurs qui désireraient, également, des tirages à part, sont priés de le faire connaître en temps utile.

ON SOUSCRIT, SAVOIR :

A PARIS

Chez M. de Rosny, Président de la Session inaugurale du Congrès provincial des Orientalistes,

Avenue Duquesne, 47,

Et Chez

MM. Maisonneuve et Cie, Éditeurs-Libraires des Congrès des Orientalistes,

Quai Voltaire, 25.

A SAINT-ÉTIENNE

Chez M. le Baron Textor de Ravisi, Président de la première Session du Congrès provincial des Orientalistes,

Rue d'Annonay, 7,

Et Chez

MM. Théolier frères, Imprimeurs-Éditeurs,

Rue Gérentet, 12.

A MARSEILLE

Chez M. Albert Breittmayer, Secrétaire général de la deuxième Session du Congrès provincial des Orientalistes.

Place de la Préfecture, 2.

A LYON

Chez M. Emile Guimet, Président de la troisième Session du Congrès provincial des Orientalistes.

Place de la Miséricorde, 1.